1 Décembre 82

Collection de Mme de H***, de Strasbourg

PORCELAINES DE SAXE

OBJETS DE VITRINE

VENTE

HOTEL DROUOT, SALLE N° 7

Les Vendredi 1er et Samedi 2 Décembre 1882

A TROIS HEURES

EXPOSITIONS

PUBLIQUE	PARTICULIÈRE
Le Jeudi 30 Novembre 1882	Le Vendredi 1er Décembre 1882
DE 1 HEURE A 5 HEURES.	DE 1 HEURE A 2 HEURES 1/2.

M. G. BOULLAND, COMMISSAIRE-PRISEUR,

M. Georges MEUSNIER

EXPERT

Rue Saint-Augustin, 27.

PARIS — 1882

V⁰ RENOU, MAULDE et COCK

IMPRIMEURS DE LA COMPAGNIE DES COMMISSAIRES-PRISEURS

Rue de Rivoli, 144.

Collection de Mme de H***, de Strasbourg

PORCELAINES DE SAXE

OBJETS DE VITRINE

VENTE

HOTEL DROUOT, SALLE N° 7

Les Vendredi 1er et Samedi 2 Décembre 1882

A TROIS HEURES

EXPOSITIONS

PUBLIQUE	PARTICULIÈRE
Le Jeudi 30 Novembre 1882	Le Vendredi 1er Décembre 1882
DE 1 HEURE A 5 HEURES.	DE 1 HEURE A 2 HEURES 1/2.

Me Georges BOULLAND	M. Georges MEUSNIER
COMMISSAIRE-PRISEUR	EXPERT
rue des Petits-Champs, 26	rue Saint-Augustin, 27

PARIS — 1882

NOTA

Les fractures et restaurations seront annoncées
au cours de la vente; mais, néanmoins, l'Exposition
mettant le public à même de se rendre compte de
l'état et de la nature des objets, il ne sera admis
aucune réclamation une fois l'adjudication pro-
noncée.

ABRÉVIATIONS

CONCERNANT LE REPORT DES PIÈCES MARQUÉES

F¹	Frankenthal.
F	Furstenberg.
B	Berlin.
V	Vienne.
L	Louisbourg.
C	Copenhague.
S.-Mⁿ	Saxe-Meissen.
N	Nyphembourg.
W	Wedgwood.
H	Hôchst, près Mayence
Z	Zurich.

DÉSIGNATION

1 — Grand Groupe composé de huit figures, représentant les Trois Grâces entrelacées de guirlandes, de roses, dont elles entourent un obélisque surmonté d'un amour; au socle, formé de rochers, et à gauche la Vérité; sur le devant, un Vieillard nu couché dans l'attitude du repos. Pièce remarquable. F^l.

2 — Groupe de cinq figures : Sujet pastoral, Bergers et Bergères ; au second plan, un Therme à tête de Satyre. (Allégorie des trois âges). S.-M^n.

3 — Groupe de six figures: Sujet pastoral (Jardinières et Jardiniers).

4 — Autre Groupe de six figures : le Printemps, saison des fleurs et des oiseaux. **S.-M**^{a} (en creux dans la pâte).

5 — Groupe de cinq figures : Sujet pastoral. V.

6 — Groupe de six figures : Autour d'une fontaine. V.

7 — Les Vendanges. Groupe de quatre figures. S.-M^{n}.

8 — Les Musiciens ambulants. Groupe de quatre figures. F^{l}.

9 — La Musique. Groupe de quatre figures. S.-M^{n}.

10 — Les petits Céramistes. Groupe de trois figures. F^{l}.

11 — La Cueillette des pommes. Trois figures.

12 — Autre Groupe de trois figures, même sujet. S.-M^{n}.

13-14 — Paire de Flambeaux formés d'un amas de fleurs, très fines, en haut relief, contre lequel s'accote un berger sur l'un ; sur l'autre, une bergère.

15 — Le Vin. Groupe de quatre figures.

16 — Groupe de trois figures : dans une barque que le nautonnier détache du rivage, un guerrier enlève une jeune fille nue. F^{l}.

17 — Groupe de cinq figures : Jeune homme et jeune fille, deux enfants et une figure grotesque. V.

18 — La Vielle, Groupe de deux figures. H.

19 — Répétition du précédent décor différent. **H.**

20 — L'Eté. Charmant groupe d'enfants de quatre figures. F¹.

21 — L'Hiver, Groupe d'enfants. Pendant du précédent. F¹.

22 — L'Amour enchaîne le temps. Deux figures. S.-Mⁿ.

23 — La Musique vocale. Groupe de six figures. Fr¹.

24-25 — Deux Vases décoratifs de forme Louis XV, accompagnés d'une figurine, décor rocaille rehaussé or et couleurs.

26 — Les Arts et les Sciences. Groupe de six figures. **H.**

27 — Groupe de quatre figures d'enfants nus. **B.**

28 — Le Rendez-vous. Deux figures. **H.**

29 — La Foi.

30 — L'Espérance.

31 — Service de six Tasses et un Sucrier, décor de fleurs et d'oiseaux.

32 — Un Service de six Tasses, Boîte à thé, Théière, Bol, Sucrier, Pot à lait ; décor de médaillons à paysages sur fond lie de vin. S.-Mⁿ.

33 — Service de six Tasses à thé, six Tasses à café, une Cafetière, une Théière, un Pot à lait, une Boîte à thé; décor de sujets pastoraux, chasse, etc. S.-Mⁿ.

34 — Un Service de Pots à crème, fond blanc,
décor de fleurs ; Boîte à thé, Pot à lait,
Théière, Sucrier, de même décor.

35 — Service de six Tasses, Sucrier, Pot à lait,
Pot à café, décor de fleurs et amours,
sujets allégoriques. F¹.

36 — Service de neuf Tasses, Pot à lait, Pot à
café, Sucrier, décor de fleurettes et
amours supportés par des nuages. H.

37 — Dix-huit Tasses à thé, une Boîte à thé,
deux Sucriers, un Pot à lait, un Pot à
crème, un Bol, décor or et fleurs po-
lychrômes.

38 — Service de six Tasses à café, un Pot à café,
un Pot à lait, décor de fleurs.

39 — Un Service de huit Tasses, un Pot à café,
un Pot à lait, une Théière, un Sucrier. L.

40 — Une Tasse à bouillon ornée de cinq médaillons, sujets et paysages, décor violet
et lambrequin doré.

41 — Une petite Tasse couverte, décor doré sur
fond bleu.

42 — Sucrier oblong, décor de fleurs L.

43 — Deux Assiettes, sujets pastoraux.

44 — Assiette décorée de guirlandes de fleurs. V.

45-46 — Deux Assiettes décorées de feuillages et
rubans.

47 — Assiette, décor quadrillé bleu, quatre médaillons de fleurs.

48 — Assiette, décor d'oiseaux.

49 — Service composé de six Tasses, un Bol, un Sucrier, un Pot à lait, un Pot à café, un Beurrier, décor à personnages.

50 — Service de trois Tasses, un Pot à lait, un Pot à crème, Boîte à thé, Théière, Sucrier, décor doré sur bleu et fond blanc.

51 — Service de quatre Tasses à thé, deux Tasses à café, un Pot à lait, une Boîte à thé, un Bol, Sucrier, décor d'insectes et oiseaux. S. M.

52 — Service de six Tasses, un Pot à lait, un Pot à café, décor camaïeu violet entouré d'une guirlande de fleurs. B.

53 — Assiette-Compotier, fabrique suisse, décorée de sept médaillons avec panier au centre. Z.

54 — Service tête à tête composé de cinq pièces, décor d'oiseaux sur fond blanc à bordure bleu turquoise, S.-M.

55 — Tête-à-Tête, composé de six pièces, orné de médaillons avec camées grisailles sur fond céladon rose. G.

56 — Deux petites Tasses avec leurs soucoupes, sujets pastoraux.

57 — Service-Solitaire fond jaune, orné de médaillons, fleurs et fruits. N.

58 — Autre Solitaire composé de quatre pièces.
F^l.

59 — Service-Solitaire composé de six pièces,
décor de paysages en grisaille sur fond
bois, dit trompe-l'œil. F^l.

60 — Solitaire composé de six pièces, décor de
paysages et animaux, cerfs et chevreuils.
F^l.

61 — Tête-à-Tête composé de huit pièces, décor
or et guirlandes de fleurs. C.

62 — Autre Tête-à-Tête très fin, composé de six
pièces; mascaron au bec du pot à lait : les
anses du plateau formées de coquillé
rocaille. S. M^n.

64 — Service solitaire de cinq pièces, fabrique
Weedgewood (sans marque).

65 — Service solitaire, décor de fruits. F^l.

66 — Tête-à-Tête, décor rubané or et couleurs.
F^l.

67 — Service solitaire, décor de paysages. H.

68 — Un Service de cinq pièces, décor de fleurs
et rubans, mascarons au bec des théières.
H.

69 — La Vendange. Groupe de deux figures détachées. F^l.

70 — La Bouquetière et le Jardinier. Groupe de deux figures détachées. F¹.

71 — Bergère, sur décor rocaille.

72 — Diane ; au socle attributs pastoraux. S. Mᵐ.

73 — Cérès.

74 — Bergère.

75 — Le Duelliste.

76 — Soldat autrichien, costume d'époque Louis XIV.

77 — Figure allégorique de la Paix.

78 — Vulcain.

79 — Apollon.

80 — Le Pêcheur satisfait.

81 — Pêcheuse. Pendant du précédent.

82 — Joueur de vielle.

83 — Le Marchand de boîtes à mouches. V.

84 — Figurine de femme. Pendant du précédent. V.

85 — Bergère. F¹.

86 — Soldats autrichiens, costume Louis XV. V.

87 — La petite Couturière.

88-89 — Bouffons.

90 — Le Tambour.

91 — Le Semeur.

92 — Le Voyageur. F¹ (marqué au bonnet).

93-94 — Deux Groupes. B.

95 — Le Voyageur, répétition du 92, (sans marque).

96 — Figurine d'enfant, costume turc. H.

97-98 — Le Miroir brisé. Deux figurines formant pendant.

99 — Le Berger.

100 — L'Étude, figure allégorique. F^t.

101-102 — La Dispute, deux figurines formant pendants. V.

103 — Un Paysan. F^l.

104 — Le Joueur de flûte. V.

105 — Lr Tonte des moutons. F^l.

106 — Le Sommeil de l'Amour. F^l.

107 — La Tráite de la chèvre, Groupe trois figures. H.

108 — La Musique, groupe d'enfants, deux figures. F^l.

109 — Groupe de trois figures d'enfants. H.

110 — Pomone. Groupe de trois figures F^l.

111 — Groupe de trois figures enfants. F^l.

112 — Groupe de petits danseurs. H.

113 — La Danse, deux figures. S.-M^n.

114 — La Guirlande de fleurs. S.-M^n.

115 — Bacchus enfant. S.-M^n.

116 — Pot à pommade, accompagné d'une figurine.

117-118 — Porte-Bouquets accompagnés de figurines se faisant pendant. F^l

119 — Vase brûle-parfums, doré et décoré.

120 — Groupe. Berger et Bergère entourant une colonne de guirlandes de fleurs. L.

121-190 — Soixante-dix pièces, groupes et figurines portant les marques des diverses fabriques de Saxe et d'Allemagne.

191-240 — Cinquante pièces, groupes et figurines, des diverses fabriques (sans marque).

241 — Heureuse Mère, groupe en blanc de quatre figurines. F¹.

242 — Chanteuses et Musiciens, en blanc. S.-Mª.

243 — Jardiniers et Bouquetières, en blanc.

244 — Porte-Bouquet.

245 — Figurine en blanc. L.

246 — Surtout-de-Table formé de trois pièces en blanc, paniers ajourés supportés par des figures d'enfants. B.

246-273 — Vingt-sept pièces en blanc, fabriques diverses.

274 — Pendule Louis XV en bronze doré, ornée de fleurs au naturel, groupe et oiseaux.

275 — Porte-Montre également orné de fleurs et figurine.

276 — Vase à médaillon grisaille sur fond violet ; décor de guirlandes de raisins, mascarons formés de têtes de béliers. F.

277 — Légumier et son plateau, décoré de paysages camaïeu violet. F¹.

278 — Saladier orné de guirlandes de fleurs. F¹.

279 — Joli Légumier et son plateau, décor chinois, porcelaine dite de Venise.

280 — Autre Légnmier et son plateau, décor bleu et violet d'or, et doré. N.

281 — Légumier et son plateau. B.

282-350 — Pièces diverses, Tasses, Soucoupes, Bols, etc.

---

351 — Un Surtout à dessert, composé de neuf pièces : une Corbeille de milieu et huit Assiettes montées ; décor bleu turquoise avec fleurs et oiseaux émaillés en relief, faïence de Gille.

OBJETS DE VITRINE

1 — Montre émail sur or, sujet d'après Fragonard, entourée d'une guirlande ciselée en or de couleur.

2 — Montre émail sur or, motifs Louis XVI sur fond opale, entourée d'une guirlande de feuillage émaillé.

3 — Montre très petite, sujet émail peint sur fond opale, bordure ciselée or vert.

4 — Montre à motifs ciselés en or de couleur, entourant un émail qui représente un buste de femme.

5 — Montre Louis XVI, étoiles et ornements or réservés sur fond émail bleu, bordure perles et feuillages en émail.

6 — Montre Louis XVI, tête d'ange et rayons ciselés, bordure en or de couleur ciselé.

7 — Montre de Breguet, émaux grisaille sur fond rose, bordure en émail bleu.

8 — Montre de dame en émail bleu sur or, entourage de perles.

9 — Montre Louis XIV en argent ciselé, sujet Léda.

10 — Boîte ovale, motifs Louis XV, or et argent incrustés sur buis, intérieur écaille.

11 — Boîte en porcelaine de Saxe, à double fond, sujets légers, monture vermeil.

12 — Boîte en porcelaine de Saxe, motifs **Louis XVI (Amours et Fleurs), monture ciselée.**

13 — Boîte en émail de Saxe, personnages sur fond bleu et blanc.

14 — Boîte carrée, sujet marine de Grenier, entourage or gravé.

15 — Boîte ronde en ivoire avec miniature, entourage or.

16 — Miniature Louis XVI (Femme en costume de l'époque), avec cadre.

17 — Miniature de femme (Costume premier Empire).

18 — Miniature de Klenstedt avec cadre.

19 — Miniature ronde (Baigneuse et Amours).

20 — Email ancien, buste sur fond sépia, avec cadre.

21 — Bijou ancien, émail en relief, sujet Rebecca.

22 — Reliquaire en cristal de roche, monture à griffe.

23 — Bijou ancien en cristal de roche, monture en or émaillé.

24 — Bijou ancien espagnol en or fin émaillé.

25 — Reliquaire ancien en argent ciselé.

26 — Cœur aventuriné, monture en or.

27 — Croix et Ruban ciselés en vermeil.

28 — Applique ancienne (Amour).

29 — Cachet Louis XV doré, avec intaille.

30 — Camée (Tête de négresse), avec collier en roses.

31 — Vierge avec le divin Enfant, en faïence de Rouen.

32 — Agrafe orientale en argent ciselé, d'un travail très fin.

33 — Collier en or, avec pendant de cou roses et brillants.

34 — Parure en trois pièces, émaux en relief, entourés d'ornements or et brillants.

Les Vitrines contenant les Porcelaines de Saxe seront vendues immédiatement après la Vente

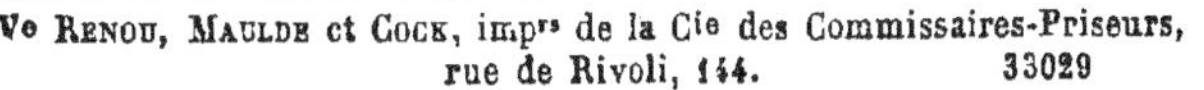

Vᵉ Renou, Maulde et Cock, impʳˢ de la Cⁱᵉ des Commissaires-Priseurs, rue de Rivoli, 144.   33029

www.ingramcontent.com/pod-product-compliance
Lightning Source LLC
LaVergne TN
LVHW010804180726
843502LV00011B/4348